AF451941

REDRESSEMENT

DE LA

SEINE MARITIME

REDRESSEMENT

DE LA

SEINE MARITIME

Depuis son embouchure jusqu'à Rouen

et approfondissement de tous ses hauts-fonds

PAR ERNEST LEHMAN

IMPRIMERIE ADMINISTRATIVE DE PONT-AUDEMER

1888

REDRESSEMENT

DE LA

SEINE MARITIME

Depuis son embouchure jusqu'à Rouen
et approfondissement de tous ses hauts-fonds

UNITÉ DE TRACÉ DES COURANTS

Lorsque l'on veut améliorer et creuser les seuils d'une rivière sujette à de grandes amplitudes de variations de niveaux, entre haute et basse mer, il faut, préalablement, se former une idée bien nette des causes qui amoncellent les sables et vases, et qui viennent ainsi obstruer le chenal navigable, le plus souvent instable, se portant tantôt sur la rive gauche et tantôt sur la rive droite.

Dans une rivière à marées, quelles sont les forces en mouvement qui forment et déforment les rades profondes et les hauts fonds? On ne peut trouver, absolument autre chose, que les courants d'aval et d'amont. Conséquemment, toute l'étude doit viser à reconnaître la marche des courants opposés, tant dans les parties profondes que dans celles défectueuses, dans les passes. La constatation de la déviation des courants nous fait savoir, que les passes de la Seine sont placées là où les courants, d'aval et d'amont, ne suivent pas le même tracé, c'est-à-dire, lorsqu'il y a séparation. On conçoit, et il ne peut en être différemment, que lorsque les courants ont leur maximum d'intensité sur une même ligne, cette ligne présentera les plus grandes profondeurs que l'on puisse obtenir, c'est la majeure perfection possible que l'on remarque dans les profondes rades de la Seine.

Ceci bien constaté, comment ne pas en déduire le moyen de produire, d'une façon constante, une amélioration d'approfondissement et d'agrandissement de surface navigable? Cela est bien simple, là où on trouvera une partie défectueuse, il ne s'agira plus que de conduire le flux est le reflux sur un même tracé commun aux deux courants, dont la résultante et la formation d'un unique chenal. En effet, les deux courants opposés passant, sans cesse, alternativement, sur un même parcours, ne peuvent faire autrement que de creuser leur unique chenal commun; l'eau se maintenant en mouvement aussi bien à l'aller qu'au retour, ne peut laisser tomber, ni les sables ni les vases. C'est un nettoyage perpétuel de la partie navigable du fleuve, que les courants fonsans discontinuer.

Il est bien évident que ce qui forme les passes, c'est la séparation des courants, lorsque la projection de l'un se dirige vers la rive droite, tandis que la direction de l'autre se porte sur la rive gauche. Cette divergence de trajet fait que, lorsque le montant s'établit, le parcours du descendant, ne contenant que des eaux mortes, s'envase; et au changement de marée, le même effet encombrant se manifeste sur la ligne suivie par le flot. Il est bien clair que ces deux saignées donnent moins de profondeur que si elles n'en formaient qu'une seule; et il semblerait, à première vue, qu'un unique chenal aurait une section d'eau d'une surface égale à celles réunies des deux chenaux divergents; il n'en n'est pas ainsi, cet unique thalweg, serait non-seulement d'une section égale, mais encore augmentée d'une surface d'eau supplémentaire remplaçant les envasements que chacune des deux saignées séparées agglomère en l'absence du courant qui la forme, exhaussement alternatif qu'un unique chenal ne permet point, l'eau montant et descendant sans interruption.

D'après ce qui précède, on n'aura qu'à redresser les parties défectueuses du fleuve, en se gardant bien de modifier les rades et fosses profondes, auxquelles il est difficile de toucher sans compromettre les avantages qu'elles présentent.

Toute personne non prévenue, n'ayant point pour règle un parti pris de préférence, voulant soumettre son intelligence à comprendre cet exposé, ne pourra faire autrement que de se ranger à l'opinion : qu'il n'y a pas d'autre moyen d'améliorer la Seine maritime, qu'en se servant comme base fondamentale de : l'*Unité de tracé des courants*.

A l'entrée d'un fleuve ce principe présente d'autres difficultés dans son application, parce qu'il y a le régime extérieur de la mer, qui le plus souvent vient se mettre en lutte contre le dégorgement du fleuve. Ces forces contraires sont : la lame engendrée par les vents impétueux, le courant du littoral, les atterrissements durs et mous, lorsque ces influences viennent s'opposer au jusant normal de la rivière. Cette opposition à l'écoulement des eaux d'amont, produit des barres et l'instabilité du chenal. Si on veut former un chenal profond, il est d'absolue nécessité d'ouvrir le débouquement en mer, autant que possible, dans une orientatiou devant laquelle l'on n'ait à subir que les moins mauvaises influences de la mer, où l'on puisse s'abriter le mieux, et où le jusant, par tempête, ait son déversement sans trop de déviation de son régime habituel, en évitant l'envahissement des galets, graviers et sable.

Pour atteindre ce but et obtenir un régime stable, on doit, par quelques travaux, rigides, insubmersibles, guider les courants d'aval et d'amont, afin qu'il y ait unité de tracé des courants.

TRACÉ DES RIVES

Les Ingénieurs des Ponts et Chaussées, chargés de la direction des travaux maritimes des fleuves Seine, Loire et Garonne, ont une base de creusement et d'amélioration bien distincte, qui a fini son temps, n'ayant pas produit de succès dans les rivières précitées, où ils n'ont récolté que des déceptions. Ils font dépendre, d'une manière absolue, l'amélioration d'une rivière et des passes, du *tracé des rives* : « établi suivant des courbes régulières à courbes « décroissantes vers les points d'inflexion, et dont les éléments « doivent être déterminés par le calcul ou par l'expérience ». (Commission locale du port de Bordeaux, par De La Roche-Tolay, Ingénieur en chef, 1878).

Quel est le calcul qui peut déterminer le tracé d'une rive? il n'y en a pas; il faudrait, pour cela, avoir des bases que l'on n'a pas sur un pareil problème ; il n'y a pas de calcul à faire, on n'a, du reste qu'à lire, dans la même brochure, désignée plus haut, à la

page 69, dans laquelle il est dit : « Ainsi, nous ne serons pas en
« mesure, il est vrai, de calculer ces mouvements ni, par suite,
« de déterminer, *à priori*, la forme à donner aux berges; mais
« nous saurons que le profil en travers dépend de cette forme, et
« nous pourrons chercher par les exemples que nous offre le fleuve
« lui-même, quel doit être le tracé à adopter. »

Ainsi donc le calcul se réduit à l'emploi, trompeur et ronflant,
d'un mot à grand effet, qui n'aurait pas dû être exprimé.

Que peut-on entendre par un tracé ordonné par l'expérience ?
L'explication nous la trouvons page 13, (Commission locale) et
que voici : « *de l'expérience faite entre Castets et Bordeaux* »,
c'est-à-dire, sur des points où l'action du flot est très amoindrie,
et où celle du jusant est prépondérante; Castets n'est-il point l'endroit où la marée cesse de se faire sentir ? Cette expérience est
donc contestable et ne saurait servir de modèle, d'autant moins
que le Génie maritime constate simplement une partie de rivière
en bon état, dont il ne connaît, ni ne peut expliquer la cause,
laquelle, néanmoins, saute aux yeux lorsque l'on analyse le régime
des courants.

Quelle certitude un tracé de berges passant d'une rade à une
autre, par conséquent d'une courbe à une contre-courbe, quelle certitude y aurait-il que le flot ne se porte sur une rive et que l'èbe,
en dissidence, ne se dirige à l'opposé ? Absolument aucune. Lorsque cette déviation se maintient, ou se produit, il y a forcément
une barre, un haut-fond, entre les deux rades.

Dans la Garonne, les digues établies en vue d'approfondir les
passes de Bacalan, de Cariette et de Bassens, n'ont donné aucun
bon résultat; à quoi servent donc ces tracés de rives, qui ne peuvent être considérés autrement que comme fantaisistes, d'autant
moins explicables, que la passe du Caillou, en aval des précé-
dentes, qui est considérée comme suffisamment améliorée, accuse
sur la carte de 1877, de la Chambre de Commerce, 3 m. 30, ce qui
n'est qu'une amélioration incomplète, puisqu'elle n'atteint pas
quatre mètres, minimum réclamé. Puisque ce n'est pas assez,
que reste-t-il à faire pour approfondir davantage cette passe, du
moment que l'on a mis en usage tout ce que les Ingénieurs connais-
sent par expérience, sur : le tracé des rives, la loi de croissance des
largeurs, les dragages ? On ne peut songer à un passage plus
profond, la science est à bout de ressources, et ne saurait que

faire, à moins d'accepter un autre ordre d'idées, complètement différent de celui du tracé des berges, adopté par l'Etat.

L'insuffisante réussite, de l'augmentation du tirant d'eau de la passe du Caillou, est dûe, fait extraordinairement remarquable, à ce que l'Ingénieur en chef Pairier, au lieu d'ériger une digue sur la rive droite, comme l'ordonnait son avant-projet, l'a fait exécuter sur la rive gauche. (Commission locale, page 72). Une base qui présente des changements si opposés, ne saurait faire loi, et ne peut réellement pas être invoquée comme règle à suivre.

Si la digue, rive gauche, de la passe du Caillou, a été d'une certaine efficacité, c'est qu'elle a rapproché les tracés des courants de flot et de jusant. On aurait obtenu un résultat supérieur, complet, avec un épi, ou une digue tangente, de très courte longueur, remplaçant cet enrochement fort long.

On voit, conséquemment, que les endiguements longitudinaux n'atteignent que fort rarement le but proposé; on prévoit tel changement dans le régime des eaux, et il se produit presque toujours l'opposé. A quoi cela tient-il, si ce n'est que les raisonnements, sur lesquels on s'appuie, sont mal fondés, et à ce que, jusqu'à présent, il n'y a point de règles fixes dont la pratique ait prouvé la valeur sûre. Si quelquefois, par extraordinaire, on est arrivé à un léger creusement, on peut assurer que ceux qui ont ordonné les travaux, ne sauraient l'expliquer d'une façon précise; car s'ils donnaient de bonnes raisons palpables, comment appliqueraient-ils ces preuves aux endiguements qui ne réussissent pas et qui sont les plus nombreux ? On n'est donc, actuellement, guidé par aucune loi, ni principe positifs, dont, préalablement, on puisse affirmer un bon résultat, ni par aucune explication, ni preuve incontestables.

Il est évident, qu'en canalisant étroitement, par des endiguements longitudinaux, rive droite et rive gauche, toute la Garonne, depuis le Bec d'Ambès jusqu'à Bordeaux, sans nééessité de mettre à profit la moindre connaissance en hydrographie, que forcément il ne pourrait y avoir qu'un seul thalweg; le fleuve étant beaucoup rétréci, il n'y aurait pas moyen que le courant du montant puisse se dévier du trajet de celui du descendant; il s'en suivrait que probablement les profondeurs seraient uniformes sur tout le parcours. Mais ne voit-on pas, de suite, que ce rétrécissement continu et accentué, empêcherait le flot de remonter, (on tout au moins le diminuerait considérablement) qu'en se privant de son concours, comme force creusante, on arriverait à avoir partout, moins de tirant d'eau que celui qu'il y a en ce moment, entre le Bec d'Ambès et Bordeaux ; les surfaces de mouillage et de navigation ne seraient-elles **pas amoindries ?** bien certainement et d'une manière très accentuée.

Les endiguements longitudinaux ont pour principaux inconvénients, causés par le rétrécissement du fleuve, d'amoindrir l'importance du flot, de diminuer la profondeur moyenne et de restreindre les surfaces de mouillage et de navigation. Ils sont, en outre, très coûteux vu que d'après les décisions constantes des Ponts et Chaussées, on en ordonne, sans cesse, de nouveaux et que l'on n'en prévoit la fin, que lorsque le fleuve sera entièrement canalisé.

Ces enrochements latéraux sont tout-à-fait pernicieux, mauvais, d'autant plus qu'on ne les met en usage, qu'à l'aveuglette ; on ne sait ce que l'on fait et en fin de compte, le résultat obtenu, n'est que fort rarement celui visé. On peut dire qu'il y a réussite lorsque l'on s'est trompé, les prévisions ayant presque toujours un résultat négatif ; et il bon de noter, que ce que j'appelle réussite, n'en est réellement pas une ; dans la Garonne on n'a jusqu'aujourd'hui, *amélioré complètement aucune passe,* la profondeur étant toujoursrestée insuffisante, l'enhaussement, quoique abaissé, persistant quand même.

Le tracé des rives ne va pas au fond de la question, car tracer des rives suivant des courbes paraissant avoir réussi sur un point éloigné du haut fond à faire disparaître, sur quel défaut de rivière est-il basé ? on n'en connaît absolument rien ; mais on dira pourtant, que c'est d'après certaines lois, (il n'y en a pas) d'après l'expérience (sur des points non comparables), d'après des calculs (il a été reconnu qu'il n'y avait pas de base pour en faire).

Conclusion. — Le tracé des rives, obtenu au moyen de digues longitudinales, n'est point admissible, attendu qu'avant la fin des travaux, on ne peut ni prévoir, ni prouver la réussite par aucune explication rationnelle. Les points de comparaison, que l'on veut copier n'étant point comparables, le régime des eaux n'étant pas semblable d'un lieu en aval à un autre en amont. Le tracé des rives n'est *donc point applicable à l'amélioration* de la Seine maritime.

DRAGAGES

Draguer un fond mou, composé soit de sable, soit de vase, c'est bien enlever le *produit* d'une *cause* que l'on ne connaît pas, mais cela ne constitue nullement un approfondissement. Bien cerainement, les forces agissantes qui ne sont pas modifiées par un, changement du régime des courants, forceront les sables et vases, en mouvement, à venir de nouveau reformer le seuil. En draguant on ne change point la direction, ni du flot, ni de l'èbe, ni en amont, ni en aval. Les mêmes motifs d'exhaussement persistant, comment peut-on attendre un changement de tirant d'eau dans une passe? Evidemment, on doit toujours retrouver une profondeur constante presque sans variation. S'il en était différemment, on aurait une passe tantôt bonne et profonde, et tantôt mauvaise avec peu d'eau; effets alternatifs qui ne se constatent nulle part, en dépit même des excavations des machines.

Ce ne sont ni le *sable*, ni la *vase* qui déterminent les seuils élevés; ce qui est prouvé incontestablement par des exemples nombreux et frappants des parties du fleuve qui de tout temps, se maintiennent profondes.

En effet que l'on cherche à obstruer la passe nord de l'entrée de la Gironde, en y jetant des masses de sable et de vase ? On n'y parviendra pas, c'est matériellement impossible, le régime des eaux, particulier à ce point, charriera au loin ces sables et vases, et la nettoiera constamment, jusqu'à la profondeur de dix mètres, qu'a continuellement cette passe, depuis des centaines d'années.

Au mouillage des vapeurs des Messageries maritimes, à Bordeaux, on peut essayer aussi de diminuer la profondeur, en l'obstruant de même, avec des sables et des vases et on verra qu'on n'y arrivera pas. S'il y a beaucoup de fond, constamment et toujours, c'est que sûrement il y a des forces creusantes qui opèrent perpétuellement et qui ne permettent, ni aux sables, ni aux vases, d'y séjourner, et qui les transportent autre part.

Si au lieu de chercher à exhausser, on drague les quatre passes de la Garonne, on n'obtient pas une meilleure réussite. C'est ce qui a été exécuté nombre de fois; qu'a-t-on obtenu jusqu'à présent? absolumen rien, les profondeurs sont toujours revenues insuffisantes à la navigation, et les mêmes seuils, aux mêmes niveaux, se sont toujours reformés.

L'emploi de la drague n'est uniquement admissible, que pour l'enlèvement des fonds durs et résistants, tels que ceux de marne du Banc des Meules, en Seine, qui ne sont pas mous comme le sable et la vase.

On ne conçoit pas du reste, ni une passe, ni un bassin, ni une entrée de rivière ou de port, qui ne se maintiennent en un même et continuel état de profondeur, qu'avec l'emploi des machines occupées à l'extraction du sable et de la vase.

Une passe n'est réellement améliorée, que lorsqu'elle est toujours sans barre, avec un même tirant d'eau profond, sans le secours, même accidentel, de la drague.

Que l'on attaque une passe formée par la séparation du flot, qui porte à gauche, et de l'èbe qui suit la berge opposée ; que l'on creuse, non pas avec des machines comme celles que l'on emploie mais avec de bien plus puissantes, et pour plus d'évidence admettons, un instant, que toute la passe soit approfondie instantanément à la profondeur désirée. Il semble que l'on aurait ainsi la passe complètemsut améliorée. Malheureusement il ne peut en être ainsi, le nouveau chenal creusé entre une rade et la suivante, ayant, pour fond et bords, des vases et du sable mouvants, n'étant soutenu par aucun appui fixe, se déformerait dès le premier moment, s'infléchissant, soit à droite, soit à gauche, il y aurait déviation, les courants d'aval et d'amont opérant chacun distinctement, sur une voie différente, auraient bientôt changé la direction du nouveau chenal, et, à bref délai, reproduit le bourrelet de la passe ; le régime des eaux n'ayant point été modifié, avant et après la passe, les mêmes motifs qui formaient auparavant le haut-fond devraient reproduire le même mauvais état, momentanément changé.

Si un chenal creusé, artificiellement, était appuyé par un ou deux épis, ou digues tangentes, qui le maintiendraient rigidement, l'empêchant de changer de direction, il est clair que ce serait un beau résultat, le creusement serait définitif ; mais cet avantage ainsi obtenu sans se préoccuper du reste du fleuve serait perdu, parce que presque toujours, on aurait à constater plus haut ou plus bas, la formation d'un nouveau seuil.

Les dragages n'ont été exécutés, aux yeux du public, qu'avec des engins trop faibles ; mais à quoi serviraient les plus puissants imaginables, le raisonnement ne subsiste-il pas le même, n'ai-je pas admis, comme démonstration, une puissance énorme, un creusement intantané ?

Nombre de fois toutes les passes en Garonne, le banc de Queyries et l'entrée du bassin à flot, à Bordeaux, ont été dragués avec ardeur par quantité de machines, et malgré tant de travail, on voit toujours revenir les hauts-fonds aux mêmes niveaux.

La Commission locale page 62, dit : « Si on modifie artificiel« lement le profil du lit du fleuve, sans changer le tracé des rives, « il revient à son premier état. On a conclu qu'un dragage exé« cuté de manière à donner une forme qui n'est pas en rapport « avec celle des rives, doit promptement disparaître. On a constaté « que les mouvements des sables dans la Garonne avaient « une intensité telle, que les dragues seraient impuissantes à « lutter de vitesse avec les effets produits par le courant, quand « ceux-ci tendent à détruire le résultat des dragages. »

Un Ingénieur hydrographe de la Marine, qui fait autorité en ces matières m'écrivait ceci : « Je partage l'idée que vous émettez sur « l'inutilité des dragages dans les passes, en présence du cube « colossal des alluvions qui y transitent chaque année. »

Il est étrange de voir les Ingénieurs proscrire parfois les dragages de matières molles, et d'autrefois, ordonner l'extraction de vases qu'ils nomment fluentes, dont ils se débarrassent en les faisant déposer, plus en aval, en pleine rivière ; et pour des travaux neufs, pour lesquels la pression du public n'intervient pas, décréter, en toute liberté, des dragages de fonds mous en sable et vases. Ce sont des contradictions véritablement inexplicables, qui font voir que certains Ingénieurs de l'Etat, croient à la valeur des dragages sur les fonds mous.

Ceux qui admettent l'efficacité des dragages, n'expriment qu'un parti pris, non raisonné, car ils ne pourraient expliquer les motifs qui les guident pour opérer ainsi. Draguer pour guérir de quoi, de quelle origine défectueuse, ils n'en savent rien.

Le canal de Tancarville, qui permet l'entrée en Seine, par le Havre, sans passer par l'embouchure, n'est-il pas l'aveu le plus formel des Ponts et Chaussées, que ni leurs digues, ni les *dragages* ne peuvent rendre l'estuaire de la Seine d'un accès possible pour la grande navigation ?

Le projet du Canal de Grattequina, en vue de permettre à la grande navigation d'arriver à Bordeaux, en abandonnant le fleuve, en ne passant pas par les passes de Bacalan, de Cariette et de Bassens, n'est-il point la condamnation, absolue, du tracé des rives et des *dragages* en rivière ?

Conclusion. — On voit donc que les dragages sont d'autant plus inutiles qu'ils ne modifient, ni ne régularisent la rivière dans l'origine de ses défauts. On attaque un point malade, mais non la maladie, on enlève un cancer qui se reproduit toujours, tandis qu'il faudrait rechercher et trouver cette origine du mal ; et certainement ce n'est point le sable que l'on extrait qui est la cause du mal, il n'est que transporté et déposé par des forces variables d'intensité, qui ont un régime défavorable, forces que par une modification de direction, on peut rendre favorables, et tirer parti pour obtenir un profond creusement.

ÉPIS RÉGULATEURS DES COURANTS

Le principe bien établi : de l'*Unité de tracé des courants*, à obtenir pour approfondir et améliorer une rivière à marée, il est facile de déterminer les moyens à mettre en pratique, afin d'opérer la réunion des courants sur un unique thalweg.

Quels peuvent être ces *régulateurs de courants ?* Ce sont les *épis transversaux insubmersibles*, qui forcent les courants à se diriger de manière à ce que l'axe longitudinal de celui du flot, soit le prolongement de l'axe de celui de l'èbe.

Un épi ne doit pas être considéré comme une ligne droite s'avançant en rivière, c'est bien un trait sur le papier, mais en enrochements insubmersibles, c'est le noyau, véritable épine dorsale, d'un atterrissement qui peut prendre la configuration de certaines rives où il n'y a point de semblable barrage fixe. Les épis, abstraction faite de ce que l'on attend d'eux, ne font que modifier les contours d'une rivière et au bout de quelque temps, on ne doit en apercevoir que la tête, tout le restant devant être enfoui sous le sable et les vases. Malgré les perrés, dont l'île Cazeaux (en Gironde) est entourée, ses courbes sont douces.

La base de l'unité de tracé des courants, reconnue la meilleure, il ne reste plus, qu'à la mettre en pratique au moyen des épis insubmersibles, aux divers passages défectueux de la Seine.

Néanmoins, ces épis rencontrant beaucoup de contradicteurs et ayant contre eux bien des préjugés, on peut sans aucun inconvénient, les remplacer par des *digues tangentes insubmersibles*, lesquelles, en somme, ne sont que des digues longitudinales, prenant racine à la rive (à la naissance du courant que l'on veut rectifier) s'en éloignant graduellement, et dont la tête atteint, en rivière, la limite des épis préconisés, abandonnant le courant qui poursuit sa marche au-delà. Il s'ensuit que le courant est conduit dans le sens voulu et livré à lui-même, uniquement, lorsqu'il est en bon chemin et que son tuteur lui est devenu inutile.

Il y a toute probabilité qu'en général, on préférera ces digues tangentes, qui se rapprochent davantage de celles longitudinales que l'on ne veut point abandonner. Avec ces digues tangentes, la base reste, sans changement, l'unité de tracé des courants.

Tous les moyens qui conduisent à former un unique thalweg, peuvent être mis en usage ; d'après cela même on peut se servir d'un ensemble de travaux mixtes, en employant, pour certaines passes, les épis, et pourd'autres, les digues, tangentes.

ESTUAIRE DE LA SEINE

Vents et lames. L'entrée de la Seine a contre elle, en jusant, les vents pernicieux, *en tempête*, du Nord-Ouest, d'Ouest et de Sud-Ouest, il faut autant que possible s'y soustraire.

La lame, à l'embouchure de la Seine, suit la même direction que le vent qui la forme; traiter du vent, c'est viser, en même temps, la lame.

Si l'on porte l'embouchure sur la rive droite, le dégorgement de la Seine sera en lutte avec la lame de l'Ouest, sans que rien ne puisse abriter de cette influence si contraire à la sortie d'un navire.

Avec vent de Nord-Ouest, qui est le plus impétueux et le plus mauvais de tous, et qui roule les galets et graviers de la Hève, accompagnés du transport des sables, on arriverait à avoir une agglomération de matériaux qui obstrueraient l'entrée.

Cette orientation d'ouverture, si elle est appuyée sur une digue s'avançant en mer, aurait encore les plus grandes probabilités de provoquer, contre cette digue, des atterrissements, provenant de galets, graviers et sable de la Hève, et de vases du Calvados, qui pourraient fort bien avancer désastreusement en mer au Sud-Ouest, à l'Ouest et au Nord-Ouest, l'estuaire, et compromettre, ainsi, l'entrée du Havre.

Une ouverture centrale ne pourrait être établie qu'entre deux digues, atteignant très loin, au large, de grandes profondeurs; ce serait encore plus amonceler, sur les côtés extérieurs, des masses de matériaux durs et mous, en plus d'une barre à l'entrée, puisque le jusant, en tempête, serait en lutte contre tous les vents de mer et une énorme houle.

Il ne reste plus, comme seule admissible, qu'une sortie rive gauche, qui présente, en sa faveur, tous les avantages.

Si l'on fait déboucher le chenal à toucher Honfleur même, on sera abrité des lames de :

1° Nord-Ouest, par la pointe du feu du môle du Havre, jusqu'à Vasoui ; et par les bancs devant le Havre, jusqu'au Penne-de-Pie.

2° Sud-Ouest, par la côte du Calvados, qui est fort près, orientée Est et Ouest, distance trop rapprochée pour permettre la formation de lames importantes.

3° Ouest, qui sont arrêtées par le banc du Ratier, qui découvre, à marée basse, à son sommet, de quatre mètres. Ce banc est constant, il existait à la même place il y a 122 ans, il est indiqué sur la carte de la Manche de 1763, par Bellin, ingénieur de la Marine. La carte de 1828, relative au canal de la Seine, (Rapports des inspecteurs des Ponts et Chaussées) lui donne le même emplacement que celui actuel. D'après certains géologues, le noyau central du banc du Ratier est un rocher recouvert de sable.

Courants. Le courant du littoral suit la côte du Calvados et arrive en Seine par le Sud-Ouest, il a la même marche que le flot.

« La marée suit les côtes du Calvados pour entrer en Seine, « elle remplit l'estuaire environ une heure avant la pleine mer « au Havre. » (La Seine-Maritime et son estuaire, Paris, 1885, par Lavoinne, ingénieur en chef des Ponts et Chaussées, chargé de la navigation de la Seine, page 78).

« Le flux pénètre par la rive gauche, une demi-heure avant « d'avoir fait son apparition sur la rive droite : A Honfleur, la « pleine mer a lieu une demi-heure avant le Havre, et la basse « mer une demi-heure après celle du Havre. » (Navigation de la Seine, 1882, par Thomassin, capitaine de frégate).

Le courant de flot, joint à celui du littoral, est plus énergique, de plus de durée, le long de la côte Sud que dans les deux autres passes. (La Seine-Maritime, page 129).

Le montant porte sur la rive Sud, dans la direction du Calvados, au Sud du Banc du Ratier. « C'est dans cette dernière « passe qu'il est le plus fort, sa vitesse variant de *deux nœuds au* « *large de la Hève, à sept nœuds dans le chenal de Honfleur.* Le « descendant se déverse sur la côte Sud en longeant les côtes du « Calvados. » (Seine-Maritime, page 92).

Par tempête d'Ouest, le courant du littoral doit augmenter

sensiblement la vitesse de la propagation du flot, c'est ce qui explique la constance de la profondeur de la fosse de Villerville et son passage vers Honfleur, préparés par la marée, et entretenus par l'èbe. Une autre considération doit facilite cet état de choses, c'est la grande proximité des grands fonds de vingt mètres, qui sont très rapprochés de la fosse de Villerville et de Honfleur. Tout concourt, donc, à maintenir de bonnes profondeurs aux accès de Honfleur et de la Seine, qui s'approfondiront extraordinairement, dès que l'on concentrera, dans un unique thalweg tout le descendant de la Seine, en le repoussant vers le Sud-Ouest.

Il va sans dire, que, par tempête, l'entrée en Seine sera facilitée, mais il n'en sera pas de même pour la sortie.

Par temps ordinaire, la Seine s'épanouit, librement, en mer sans aucune opposition, le courant du littoral devenant nul.

Les tempêtes de Nord-Ouest facilitent la descente de l'estuaire, par le Sud-Ouest.

Les plus grands ennemis, du jusant, sont la houle et les fortes lames de l'Ouest, qui doivent augmenter l'intensité du courant contraire du littoral. Mais il a été dit, précédemment, que le banc du Ratier est une barrière où viendra se briser et s'amortir la houle, il ne pourra en résulter, par le temps le plus violent, qu'une déviation du jusant, qui passera au Nord du Ratier, au lieu du Sud, et la fosse de Villerville continuera d'être creusée par le courant normal du littoral, accrû de vitesse, remplaçant le jusant habituel.

Il y a un autre inconvénient, peu important, il est vrai, dans une passe rive Sud, c'est celui du transport en Seine des vases du littoral du Calvados, par le flux et le courant qui l'accompagne. Ces vases remonteraient la Seine, comme à présent, mais elles en sortiraient, comme elles seraient entrées, parce qu'elles se tiennent excessivement longtemps en suspension, à moins d'un arrêt complet de mouvement, et au surplus elles seraient remises en suspension, et emportées de nouveau, au renversement du courant. Il n'en est pas de même des galets et graviers roulés, qui arrivent par le Havre, et dont l'estuaire ne peut se débarrasser, et du sable qui marche avec, qui tombe bien plus rapidement au fond que la vase, et qui ne rentre pas bien avant en Seine. Il est bien préférable d'avoir l'inconvénient de la translation, alternative, des vases que les courants emportent toujours à la mer, sans que l'on ait besoin de s'en préoccuper, et d'éviter les encombrements du Nord-Ouest, dont on ne peut se dépêtrer.

Il est essentiel de noter, que les courants de flot et de littoral charrient, en Seine, des vases qui proviennent, non-seulement des érosions du Calvados, mais encore des vases du jusant de la Seine, rentrant de nouveau en rivière. (La Seine-Maritime, page 310). Que l'on ouvre plus au Nord, le régime sera, à cet égard, le même; les courants amenant la marée, marchant vers le Nord, il s'ensuit que les vases entreront quand même, et dans cette dernière orientation, avec une addition de galets, de graviers et de sable, venant du Havre. Il faut, d'après cela, ouvrir la Seine très au Sud.

Monsieur Estignard, ingénieur-hydrographe de la Marine, et Monsieur Lavoinne, (La Seine-Maritime, page 141) mettent hors de doute, que l'action, des courants de flot, prépare, vers le large, l'ouverture des chenaux. J'ajouterai à cela, que le jusant passant par la même voie, forme les meilleurs et plus profonds chenaux, ce qui confirme ma base de l'unité de tracé des courants.

Monsieur Emmery. (La Seine-Maritime, page 142) dit : « Si « c'est le jusant qui entretient les routes à profondeur, c'est « d'ordinaire le flot qui les creuse et les dessine à travers les « bancs, et c'est principalement aux coups de vent et aux grosses « mers, que sont dûs les déplacements qui reportent les chenaux. « tantôt sur une rive et tantôt sur l'autre ».

La conclusion, de cet exposé, est que l'on doit forcément établir le débouquement de la Seine, longeant la rive gauche, parce que, sur ce parcours, on aura la sûreté de profiter des courants les plus violents de flux et de reflux, qui doivent naturellement creuser vigoureusement le chenal fixé, et que c'est l'orientation la plus abritée de la houle du large. On obtiendra, par cet accès facile, court, large et profond, une durée de marée plus longue d'une demi-heure environ, et une très grande augmentation d'eau de flot, qui s'introduira, dans les digues de Berville et dans la Seine intérieure, creusera davantage les fonds, non-seulement par la marche de cette quantité supplémentaire d'eau, mais, en outre, par la plus grande énergie et vitesse avec lesquelles elle entrera jusqu'au-delà de Rouen, et en sortira.

Il reste maintenant à déterminer les travaux à faire pour diriger les eaux sur un tracé longeant la rive gauche.

On se trouve en présence des deux digues de Berville, dont il convient de se servir, en rectifiant ce qu'elles peuvent avoir de défectueux :

1° Pour que l'eau introduite, sur une très grande hauteur, puisse produire tout son effet, creusant les fonds, il ne faut pas qu'elle puisse s'échapper par dessus les digues ; il est nécessaire que la vitesse, produite par les courants, agisse de toute la colonne d'eau possible, il est urgent de rendre les digues insubmersibles ; celle Sud entre les kilomètres 337 *bis* et la rivière la Rille, et celle Nord entre les kilomètres 346 et 338. Mais, il faudra avoir soin de les recharger sur les côtés extérieurs, de manière à ne pas diminuer la largeur de la surface navigable, déjà trop réduite.

2° Pour continuer le contour général du chenal, en forme concave, il faut établir une digue insubmersible, prolongement de celle Sud de Berville, en ligne droite, de deux mille mètres, se soudant à la pointe du phare de Berville, en laissant à la rivière la Rille, un goulet, de sortie, le plus étroit possible.

3° Afin de donner à l'entrée des digues une ouverture en forme d'entonnoir, pour forcer l'eau à monter et à envahir en plus grande quantité entre les digues, et aussi pour rejeter le flot sur la partie concave de la digue Sud, il est nécessaire de continuer, de cinq cents mètres, la digue Nord, en courbe insubmersible, s'arrêtant à la même latitude que son point de départ, au kilomètre 346,5.

4° Le chenal devant passer vers Saint-Sauveur, il est obligatoire de repousser les courants en cette direction, en érigeant un épi insubmersible, de sept mille mètres, à partir de la vallée d'Oudalle, allant sur Saint-Sauveur.

5° Comme il pourrait se former, à l'Ouest de l'épi de la Vallée d'Oudalle, un chenal au détriment de l'unique recherché, il est rationnel de faire enraciner, au feu du Hoc, une digue insubmersible, de deux mille cent mètres, descendant au Sud.

Cet ensemble de travaux, forme, rive gauche, un *contour concave*, très accentué à Saint-Sauveur, reconnu le meilleur pour avoir constamment de grands tirants d'eau, ce qui est immanquable. Il n'y aura rien à draguer, les courants enlèveront très rapidement toutes les matières molles à l'Est et au Sud-Est de Honfleur. Il se creusera, ainsi, un très large mouillage, à l'Est de Honfleur, de près de quinze cents mètres, dans sa plus grande largeur, sur cinq mille mètres de longueur, à l'abri de tous les vents et des lames, véritable refuge de la grande et de la petite navigation.

Un navire, entrant en Seine, après avoir dépassé Honfleur, se trouvera abrité, des lames, par la pointe de Honfleur, et par l'épi de la vallée d'Oudalle, dont l'extrémité Sud se trouvera à plus de deux mille deux cent cinquante mètres de la rive gauche.

Honfleur aura de grands fonds à l'Est, au Nord et à l'Ouest, et où, ni la vase, ni les sables ne pourront se déposer.

L'épi, rigide, de la vallée d'Oudalle, empêchera le chenal de varier de position, les courants étant renvoyés vers le thalweg.

Comme il a été expliqué, précédemment, le chenal navigable, à part la grande profondeur qu'il acquerra, aura une grande largeur, des masses d'eau, suivant leur impulsion sur une entrée largement ouverte, produiront des effets creusants, aussi bien en profondeur, qu'en largeur.

Il n'est guère possible de faire une entrée en Seine, plus directe, plus courte, plus abritée, plus commode, tant pour l'entrée que pour la sortie des navires. Il ne pourra s'agglomérer, ni une barre, ni de haut-fond, puisque l'écoulement du fleuve, en mer, s'opérera sans subir une opposition directe de la houle, ni des courants. Les atterrissements ne sont pas à craindre.

Par tempête, un navire à voiles, pourra entrer en rivière, aussi bien de nuit que de jour, sans pilote ; le chenal devenu fixe et profond, ne présentant aucune difficulté de navigation. La pointe d'Honfleur contournée, il n'y aura plus qu'à jeter l'ancre.

Les cartes qui ont servi de base à ce mémoire, sont :

1° Celle de l'embouchure de la Seine, par A. Germain, ingénieur hydrographe de la marine, de 1884.

2° Celle des Ponts et Chaussées, de la navigation de la Seine (en deux feuilles) entre l'embouchure et Rouen, par Lemaître, ingénieur en chef, et Alard, ingénieur ordinaire.

Economie du projet

Le coût des travaux, tous insubmersibles (8 mètres au-dessus de zéro) pour le redressement et l'approfondissement de la basse Seine, serait établi de la manière suivante :

1° Rechargement de la digue Nord, entre Berville, kil. 346 et Tancarville, kil. 338 (longueur 8,000 mètres).

648,000 mètres cubes, moellons durs, jetés à sec (sans emploi aucun, ni de bois, ni de ciment), mis en place, à...................... 3 fr. 50   2.268.000 fr.

2° Prolongement de la digue Nord, vers l'Ouest (sur 500 mètres), kil. 346 à 346,5.

47,000 mètres cubes, moellons durs, à. 3 fr. 50   164.500 fr.

3° Rechargement de la digue Sud, de Berville, kil. 346 bis, à Tancarville, kil. 337 bis (longueur 9,000 mètres).

729,000 mètres cubes, moellons durs à 3 fr. 50   2.551.500 fr.

4° Prolongement de la digue Sud, depuis la rivière la Rille, jusqu'au feu de Berville, distance 2,000 mètres.

Base   4,000 mètres cubes, moellons durs, à........... 3 fr. 50   14.000 fr.

4,000 mètres cubes, blocs rochers naturels, de 50 kilog., à.... 7 fr.   28.000 fr.

Sommet 4,000 mètres cubes, blocs rochers naturels, de 200 kilog., à... 14 fr.   56.000 fr.   98.000 fr.

5° Épi de la vallée d'Oudalle, à partir du canal de Tancarville vers Saint-Sauveur (7,000 mètres moins 850 mètres entre le canal et terre), longueur 6,150 mètres.

Base 180,000 mètres cubes, moellons durs, à.............. 4 fr.   720.000 fr.

122,000 mètres cubes, blocs rochers, de 50 kilog., à.............. 7 fr.   854.000 fr.

62,000 mètres cubes, blocs rochers, de 200 kilog., à.............. 14 fr.   868.000 fr.

Sommet 1,000 mètres cubes, blocs rochers, de 1,000 kilog., en surcharge à la tête de l'épi, à..... 25 fr.   25.000 fr.   2.467.000 fr.

A reporter............. 7.549.000 fr.

Report................   7.549.000 fr.

6° Epi du Hoc, longueur 2,100 mètres.

Base   73,000 mètres cubes, moellons durs,
        à............   4 fr.   292.000 fr.

56,000 mètres cubes, blocs
rochers, de 100 kilog.,
à............   10 fr.   560.000 fr.

40,000 mètres cubes, blocs
rochers, de 200 kilog.,
à............   15 fr.   600.000 fr.

23,000 mètres cubes, blocs
rochers, de 400 kilog.,
à............   20 fr.   460.000 fr.

6,000 mètres cubes, blocs
rochers, de 800 kilog.,
à............   25 fr.   150.000 fr.

Sommet 2,000 mètres cubes, blocs
rochers de 2,000 kilog.,
en surcharge à la tête
de l'épi, à.....   35 fr.   70.000 fr.   2.132.000 fr.
                                           ————————————
                                            9.681.000 fr.
                Imprévu.......   319.000 fr.
                                           ————————————
        Coût total................   10.000.000 fr.

Mais il faut prévoir que si, ces travaux ne
peuvent annuellement avancer qu'en raison de
1/8 de la dépense entière, on aura à faire face aux
intérêts pendant ces huit années, ce qui produira
une augmentation de 25 0/0, soit...............   2.500.000 fr.
                Coût définitif............   12.500.000 fr.

Il convient maintenant de vérifier quels sont les bénéfices, en
attérissements pour être livrés à l'agriculture, dont on pourra
tirer parti et que l'on pourra vendre.

Ces digues et épis, insubmersibles, embrassent et enferment
des emplacements qui s'exhausseront très rapidement. Dans le
port de Honfleur, annuellement, on enlève, en moyenne, 4 mètres
de hauteur d'alluvions apportées par les eaux (2ᵐ34 à 5ᵐ75). (La
Seine-Maritime et son estuaire, par Lavoinne, page 285, annexe
à la Seine-Maritime par J.-J. Baude). Comme le sol, à mesure
qu'il s'élève, supporte une colonne d'eau de moins en moins
profonde, et naturellement moins de vases en suspension, il
faudra plus de temps pour le remplissage des parties les plus
hautes, que pour celles les plus basses. En réduisant les 4 mètres
d'exhaussement annuel, à 1 mètre, et en prenant pour point de

départ le zéro des cartes marines, nous détruirons toutes les objections qui peuvent se produire à ce sujet. Il faudra 8 ans pour que l'alluvionnement soit complet, temps maximum, car les vagues, en mauvais temps, transportant et traînant toujours des matières, au-dessus du niveau de l'eau, viendront aider à un amoncellement plus rapide et plus élevé que l'insubmersibilité de 8 mètres au-dessus de l'étiage.

Les envahissements terrestres, sur la mer seraient les suivants :

Superficie des atterrissements d'alluvions amoncelées par les *digues* et les *épis* insubmersibles.

1° Entre la digue Nord de Berville à Tancarville, le canal de Tancarville, et l'épi d'Oudalle............   4.190 hectares.

2° Entre les épis d'Oudalle, du Hoc et le canal de Tancarville ....   3.570   »

3° Entre l'épi du Hoc et la côte Nord-Ouest.   180   »

4 Entre le feu de Berville et la Rille......   60   »

5° A l'Est et à l'Ouest de l'épi et du fanal de la Roque, contre la digue Sud de Berville.............................   2.400   »

10.400 hectares.

soit 6 *lieues 1/2 carrées* !

En compulsant la carte marine de la Seine en 1884, on remarquera que sur ces 10,400 hectares, il y en a 6,400 qui s'élèvent à plus de 5 mètres au-dessus de zéro, qu'il n'y a presque pas de tirants d'eau de plus d'un mètre et demi, au-dessous des plus basses mers. Les travaux devant être poursuivis, simultanément partout, par couches horizontales et successives, afin d'éviter les affouillements et un excès d'emploi de matériaux, on peut dire que ces emplacements se combleront au fur et à mesure de la montée des enrochements.

Ainsi, au bout de 8 ans, on aurait 10,400 hectares de terres agricoles de choix, formées de 3/4 de vases, dont la vente donnerait, au bas mot, deux mille fr. de l'hectare, soit 20,800,000 fr., c'est-à-dire, bien au-delà du coût, avec intérêts, des travaux exécutés dans l'estuaire de la Seine, évalués 12,500,000 fr.

En résumé, une entreprise semblable, non-seulement ne coûterait rien, mais encore donnerait de superbes bénéfices, tout en suffisant *aux travaux d'amélioration de la Seine-Maritime intérieure,* en suivant les bases et les moyens que je préconise, produisant un approfondissement du chenal, si accentué, que *les plus grands navires remonteront jusqu'à Rouen!*

SEINE INTÉRIEURE

Entre Tancarville et Rouen

Un coup d'œil d'ensemble, sur l'état actuel de la navigabilité de la Seine-Maritime intérieure, montre que, partout, entre Tancarville et Rouen, il est possible d'atteindre un minimum de 6 mètres de profondeur en dessous du zéro des cartes marines.

Les hauts-fonds qui ont moins de six mètres, aux plus basses mers, sont :

1° Haut de Quillebeuf.
2° Vieux-Port.
3° Banc des Flaques.
4° Banc des Meules.
5° La Mailleraye, La Piette, Banc du Trait.
6° Yville.
7° 2me Trou Deshayes.
8° Bardouville.
9° Traverse des Moulineaux et Grand-Couronne.
10° Petit-Couronne.
11° Banc de Biessard.
12° Croisset.

Ce sont les seules parties malades du fleuve intérieur, on ne doit, conséquemment, que rectifier ces trajets défectueux, sans toucher au reste ; c'est ce que nous allons nous efforcer de résoudre, en procédant d'une manière différente de celle mise en pratique par les Ponts et Chaussées.

1° Haut de Quillebeuf

Entre Port-Jérôme kil. 331,900 et kil. 327,600, sur kil. 4,300, il y a moins de 6 mètres d'eau, en dessous de zéro. Le flot arrive, dans la courbe concave de Radicatel, sur la rive droite, tandis que la route suivie par l'èbe, sortant de la rade de la Corvette, a sa projection sur la rive gauche. Il y a ainsi un tracé suivi par le flux, différent de celui afférent au reflux. Du moment que ces deux chenaux ne se rencontrent point, il en advient que, pendant le montant, le chenal se creuse rive droite et s'exhausse sur le côté opposé, que des effets juste contraires se produisent au descendant, et que la résultante ne peut être qu'une barre de sable entre la rade de Radicatel, rive droite, et celle de la Corvette, rive gauche, en même temps qu'un amoindrissement de profondeur, partout, entre ces deux mouillages.

La digue Nord, du kil 333 au kil. 329, est rectiligne, c'est une grande faute de l'avoir ordonnée ainsi. Si on avait continué la courbe concave Nord, de Radicatel, en s'internant dans les alluvions, venant déboucher au kil. 329, on aurait eu le courant de flot constamment poussé contre la digue et venant continuer son effort creusant, invariable, sur le mouillage de la Corvette, et il n'y aurait point eu de barre, ni de haut-fond possible. Bien entendu, il aurait fallu, en même temps, obliger le jusant, venant de la cuvette de la Corvette à se porter contre la digue.

Pour qu'un unique chenal s'établisse avec la marée, et également avec son renversement, il est absolument nécessaire que les courants, opposés et alternatifs, soient forcés de passer sur une même ligne, sans aucune déviation. Il faut donc l'application pratique de *l'unité des tracé des courants*. On y arrive, facilement, en dirigeant la course des eaux avec des tuteurs rigides, qui concentrent, dans l'unique tracé, toutes les forces creusantes de tous les courants qui arrachent les parties molles du chenal, telles que le sable et la vase, sans qu'il soit besoin d'avoir recours aux dragages, qui ne sont admissibles que pour enlever des fonds durs, que l'on ne rencontre pas à Quillebeuf. En principe, la drague doit être proscrite pour l'entretien profond d'un fond mou, l'exhaussement ne pouvant provenir que d'une divagation des courants. A quoi sert de draguer une pointe convexe envahie par le sable? absolument à rien; si cette agglomération s'est produite après enlèvement, elle se reproduira par les mêmes causes, qui proviennent de loin, du régime des courants, que le dragage ne change point. En vérifiant la marche et la contre-marche de l'eau, on trouvera, immanquablement, le motif de l'encombrement. A l'appui de ce qui précède, il y a une loi générale que l'on doit toujours avoir présente : « *La rivière affouille*

« *les rives concaves et alluvionne sur les rives convexes. Aussi*
« *les premières, contre lesquelles le flot vient toujours se heurter,*
« *offrent des parois abruptes, constamment prêtes à s'ébouler, les*
« *secondes sont constituées par de longs promontoires à pente très*
« *faible, jonchés de cailloux et de sables que les crues y ont jetés.* »
Traité de géologie par A. de Lapparent, 1883.

A Port-Jérôme il y a quelques avancements qui dépassent la
digue, qu'il est urgent d'enlever ; ils repoussent la marée sans nul
but d'amélioration, ce qui est mauvais, la route navigable devant
être suivie là, contre.

La digue, Nord de Radicatel, laisse passer l'eau par dessus,
c'est une perte, de force creusante, pernicieuse ; cette eau courante,
débordante, est une déviation, qui, en outre, entraîne les navires à
se jeter sur l'enrochement.

Lorsque, à basse mer, la berge, concave, est surplombée par des
terres ou matériaux mous et durs, à mesure qu'elle est sapée par
le travail de l'eau, la voie navigable s'encombre et s'exhausse.

Conséquemment :

*Toute grande courbe, concave très accentuée doit être rendue
invariable, et préservée par un enrochement insubmersible* de
moellons durs, jetés à sec, sans emploi, ni de bois, ni de ciment ;
prévoyant ainsi un facile rechargement dans les réfections.

Entre Tancarville et le kil. 330,200, la digue doit être insubmersible.

On se demandera, mais comment reconnaître la direction de la
poussée agissante de chacun des courants opposés ?

Le flot à Radicatel vient naturellement se heurter à l'enrochement
Nord. Le reflux, de l'eau concentrée à la rade de la Corvette
(à moins d'un fond dur et élevé, qui s'y opposerait, qui n'existe
pas), a son élan sur la rive gauche, cela se voit bien. Mais pour
plus de sûreté, dans la pratique, on devra se tenir à la loi suivante,
que nous formulons et que nous avons trouvée être exacte et d'un
facile maniement pour déterminer les travaux destinés à diriger
les courants :

*Chaque extrémité de fosse est régie par le courant qui lui arrive
de l'autre pointe.* Ce qui revient à dire, que le montant doit seul
modifier la pointe amont de la fosse, et le descendant celle aval.
Il s'en suit que, si à l'extrémité amont, d'une cuvette profonde, on
repousse le flux par un travail quelconque, le courant sera dévié ;
en opérant de même, sur l'aval de ce grand fond, on changera la

route du descendant. En appliquant cette loi et cette manière d'opérer à deux rades, séparées par un banc, si on dirige, par un épi, à l'amont de la fosse du montant, le courant de marée, vers l'autre mouillage, et que réciproquement, un épi placé à la fosse de descendant, à son aval, pousse l'èbe sur la rade éloignée et séparée par un bourrelet de sable, il est immanquable que les deux rades se souderont et n'en feront plus qu'une, les courants, alternatifs opposés, ne pouvant faire autrement que de couper le bourrelet séparatif, et cela au maximun imaginable.

Le chenal, au Haut de Quillebeuf, traverse de la rive droite (Port-Jérôme) à la rive gauche, (le Fourneau) entre les kil. 330, 800 et 330.

Afin de rendre invariable le chenal, et d'obtenir l'unité de tracé des courants, il faut :

1° Un épi de flot, insubmersible, comme tous ceux qui suivront, en enrochements de moellons durs, de 120 mètres de longueur, placé, rive droite, au kil. 330,200, accentuant le passage du flux, vers la rive gauche, et l'empêchant d'actionner sur la digue Nord.

2° Un épi de jusant, berge Sud, de 120 mètres, au kil. 330,900, forçant l'èbe à marcher dans le chenal navigable, et à ne former que le même tracé suivi par les eaux d'aval.

3° La digue Nord, à Port-Jérôme, étant droite, l'èbe, quoique subissant l'appel de la fosse, pourrait bien se dévier vers Quillebeuf ; pour éviter cette défectuosité possible, il convient d'ériger un épi, de reflux, de 100 mètres, au kil. 331,800 rive gauche.

4° La digue, rive droite, entre le kil. 330,300 et 327,200, étant droite sur une très grande longueur, 3 kilomètres, pouvant permettre l'établissement de courants au détriment de leur concentration sur l'autre berge, il est rationnel d'empêcher ce mauvais régime possible, par un épi rive droite ; de 80 mètres, au kil. 328, 200 dont la crête au rivage serait continuée, par une levée de terre, sur les alluvions, jusqu'à atteindre un niveau insubmersible.

Ces quatres épis rendront le chenal invariable, puisqu'ils le brident partout, aussi bien au montant, qu'au descendant, les deux allures sont prévues.

On remarquera, en outre, que ces épis, ayant deux faces, ont une action double, dirigeant les courants inverses.

Les emplacements, à choisir pour les épis, ne sauraient être déterminés par aucun calcul, c'est une question de coup d'œil ressemblant fort à celle d'un dessinateur raccordant deux courbes dissemblables. On doit ne rechercher que le résultat de l'unité de tracé des courants, dont le chenal navigable doit être le centre du tracé, en se méfiant continuellement de toutes les objections pos-s'bles, de la nature des fonds. On ne doit point, non plus, perdre de vue que dans la traversée d'une rive à l'autre, l'unique tracé des courants ne peut être obtenu invariable, que lorsque cette traversée est assez rapide ; si on opérait sur une grande longueur, il s'y présenterait des variations et des déviations des courants, ce qu'il faut empêcher.

La longueur de chaque épi, est une énonciation au maximum, rien ne pouvant permettre de préciser la longueur. On doit retrécir le moins possible la rivière et chercher à procurer une section d'eau d'une superficie bien plus considérable, en gagnant en profondeur, bien au-delà de ce que l'on perd en largeur. Afin de ne donner à ces épis que la longueur minimum urgente, on n'exécutera, le jet des moellons, que par sections perpendiculaires insubmersibles, et proportionnelles à leurs longueurs, de tous les quatre épis, à la fois, en commençant à partir de terre. Il faudrait, également, arrêter tous les travaux à la fois, dès que le chenal se sera approfondi à six mètres sous basse-mer.

On voit par là, que les longueurs des épis ne sont arrêtées que par tâtonnements, absolument de même que lorsque l'on pèse un objet dans une balance. Les forces en jeu, des courants, rem-placent les poids et dónnent la mesure absolument exacte des longueurs des épis.

Des épis submersibles sont à proscrire, parce qu'ils gênent davantage l'introduction du flot, et que pour produire un effet égal à ceux insubmersibles, il est nécessaire plus de longueur, et qu'une partie des courants passant par dessus, on n'en obtient pas le maxi-mum de ceux plus hauts et plus courts.

On dira, mais, si par une erreur quelconque, il se produit quelque part un désordre dans le régime nouveau, comment y porter remède ? Il n'est pas difficile de comprendre qu'avec un ou deux épis nouveaux, l'erreur commise peut être, en quelques jours, complètement réparée. S'il fallait même receper entièrement un épi, ce ne serait point une dépense considérable ; les douze indiqués n'ont en moyenne que 89 mètres.

En remplacement des épis, on peut employer des digues insub-mersibles courtes, tangentes à la rive, prenant racine à terre du courant que l'on veut diriger vers l'extrémité en rivière des épis déterminés. La dépense se trouverait moyennement triplée par cette substitution.

Cette unité de tracé, des courants, peut être obtenue très rapidement, en quelques mois, à l'aide d'épis si courts, le jet à l'eau de moellons pouvant se faire par milliers de mètres cubes par jour.

L'exécution des travaux doit être suivie dans l'ordre ci-après :

1° Au préalable il faut rendre insubmersible la digue Nord et enlever tout ce qui dépasse cette digue à Port-Jérôme.

2° Ce qui précède terminé entièrement il sera nécessaire d'ériger simultanémsnt les quatre épis à partir de terre, par sections insubmersibles de $\frac{1}{10}$ de leur longueur horizontale, et ne commencer le second dixième qu'une fois le premier achevé en continuant dans cet ordre, jusqu'au moment où l'on atteindra les 6 mètres d'eau au-dessous de mer basse, moment qui mettra fin à tous les travaux, car il est facile de se rendre compte que le travail fait par le jeu des courants sur des fonds mous est pour ainsi dire instantané. Le sable et les vases obéissent aux forces en mouvement qui les rongent et les entraînent.

Sur les croquis de cartes qui accompagnent ce mémoire le chenal est indiqué par des points, les rades mouillages, cuvettes, fosses par des surfaces teintées en bleu, et les enrochements des digues et des épis par des traits rouges. Les profondeurs sont en mètres.

2° Vieux Port

Sur le sommet, du banc de Vieux Port, il n'y a, dans les plus basses eaux, que 5 mètres ; l'interruption des fonds de 6 mètres, entre la fosse aval et celle amont, est de 1100 mètres; le tirant d'eau moyen est de 5 mètres 50. Il n'y a qu'à obtenir 50 centimètres de plus de profondeur, qu'une rectification de la berge concave améliorera. A Vieux Port, au kil. 324, 800, il y a une grande trouée dans laquelle l'eau vient se heurter, aussi bien à l'aller qu'au retour, ce qui produit une déviation dans les courants. En plus, à 200 mètres au Sud-Est du Fanal de Courval, il y a un second trou. Ces deux déviationsdes marées doivent disparaître et la berge doit être protégée par une digue insubmersible faisant suite à celle du kil. 324, 250 du Vieux Port, continuantla courbe concave depuis Aizier jusqu'au Fanal de Courval, kil. 326.

Si après rectification de la rive gauche et la mise à l'abri des érosions et éboulements, il reste dans le chenal quelques galets, un dragage, peu important, sera obligatoire.

3º Banc des Flaques

Ce seuil a ses fonds de moins de 6 mètres, du kil. 322, 300 au kil. 320, 200, parcours de 2,100 mètres ; son sommet n'offre que 3 m. 50 de tirant d'eau et le chenal est rive droite. C'est un banc de roches invariable. Il n'y a pas d'autre moyen que de draguer la voie navigable sur une largeur de 100 mètres, en avançant, autant que possible, l'excavation vers la rive gauche. Le cube des dragages est de $2,100 \times \frac{2.50}{2} \times 100 = 26,250$ mètres cubes.

4º Banc des Meules

On est en présence d'un fond dur de tourbe, résistant aux courants, d'une longueur de 600 mètres, entre les kil. 305, 650 et 306, 250. Les sondes ne donnent que 4 mètres. Avant et après, il y a eu au-delà de 6 mètres. On voit parfaitement qu'il n'y a absolument qu'à draguer le chenal actuel, à 2 mètres de profondeur, sur 150 de largeur, soit $600 \times 2 \times 150 = 18,000$ mètres cubes.

5º La Mailleraye, La Piette, Banc du Trait

La marée montante vient se butter au village de la Mailleraye, à un talus dur, et est repoussée dans le grand trou Malaquis, qu'elle dégrade, et dont les matériaux encombrent le chenal, aussi bien à l'aller qu'au retour.

Le trou du Trait, formant une courbe concave, accentuée, se dégrade par les courants inverses. De ces tergiversations des courants, et du garnissage de terres et vases, il résulte que le chenal, à la Mailleraye, sous le fanal, kil. 302, 850, n'a que 4 m. 5, à la Piette 4 m. 5 kil. 301, 700, et au Trait 4 m. en face du trou, kil. 300,500.

Entre le kil. 303 près du fanal de la Mailleraye jusqu'au kil. 300, 200 près du fanal du Trait il y a moins de 6 mètres d'eau.

En régularisant et protégeant cette rive droite perturbatrice et en englobant et en exhaussant les trous de Malaquis et du Trait par une digue, au large, partant du kil. 302, 750 jusqu'au fanal du Trait kil. 300, 100 d'une longueur de kil. 2, 650, les rouleaux de vase, les hauts-seuils, ne pourront subsister ; les courants, réunis sur une unique voie, emporteront tout ce qui sera en relief sur leur chemin.

6° Yville

La rive concave est, encore ici, garnie de trous, et notamment par celui de Busquet, très grand, où les courants inverses continuellement rongent et écroulent le talus, qui descend graduellement dans le chenal. Il n'y a que 4 m. 5 au kil. 286.

Une digue concave, rive gauche, partant du kil. 286,900, un peu en aval du fanal d'Yville, et finissant au kil. 285, de kil. 1,900 de longueur, renfermera, derrière elle, tous ces trous, et rendra le régime invariable, sans obstructions.

7° 2ᵉ Trou Deshayes

Devant le kil. 283,200, il n'y a que 4 m. 7; c'est encore un trou qui en est la cause, le 2ᵉ trou de Deshayes. Il n'y a qu'à le clôturer par une digue, rive gauche, du kil. 283,100 au kil. 283,400, longueur 300 mètres.

8° Bardouville

Les ponts et chaussées ont opéré en rétrécissant la rivière, en moyenne, d'un tiers de sa largeur, sur un parcours de kil, 7,100 du kil. 272,800 au kil. 265,700. L'île Saint-Georges a été réunie à la terre la plus proche, repoussant le chenal sur la rive gauche. Quant à l'île du Calumet, et à celle du Ronceray, du côté opposé, elles ont été reliées entre elles, et à la rive gauche, renvoyant le chenal sur la rive droite. Les digues déterminées, et non encore achevées, se déploient sur 6,600 mètres. Le même résultat aurait pu être obtenu avec 7 petits épis, ensemble 800 mètres; plus la fermeture des trous de la Bosse et la jonction du Sud de l'île Saint-Georges avec la maison Fourment, 1,000 mètres, soit en tout 1,800 mètres. De 1,800 mètres, seuls nécessaires, à 6,600 ordonnés par les Travaux Publics, la différence est considérable.

Les travaux d'amélioration de Bardouville, n'étant pas achevés, il n'y a pas à s'en occuper, et ce n'est que si on aperçoit qu'il subsiste quelque part, moins de 6 mètres de tirant d'eau, que l'on devra chercher à y porter remède.

On remarquera, qu'un rétrécissement, comme celui ordonné par les ingénieurs, de 1/3 de 450 mètres, largeur de la rivière, sur 7 kilomètres de déploiement, forme un obstacle considérable à l'arrivée de la marée à Rouen, ce ne peut être qu'au détriment de la quantité d'eau qui devrait atteindre cette ville, de son impulsion et de la force creusante des courants, tant dans la marche en amont, qu'à son retour.

En résumé : moins de surface navigable, moins de profondeur, que si on procédait différemment, en évitant les *étranglements prolongés*.

9° Traverse des Moulineaux et Grand-Couronne

En face du trou des Moulineaux, kil. 257,500, il n'y a que 3 m. 8, et au kil. 255, rive droite, vis-à-vis Grand-Couronne, il n'y a que 3 m. 75.

Ces deux énormes trous de Grand-Couronne et des Moulineaux affouillés continuellement, sur une courbe de si faible rayon, sont une cause très grande du désordre des courants.

Une simple digue, concave, prenant racine à la chaussée des Moulineaux, rive gauche, kil. 257,800 atterrissant à la pointe en face du fanal de Hautot, l'abandonnant pour se prolonger jusqu'au kil. 254,900, bien vite creusera le lit du chenal. Cette digue aurait ainsi, un tracé de kil. 2,900; elle est d'une urgence extrême telle, que, quel que soit le système que l'on veuille utiliser, il faudra toujours arriver à en ordonner l'exécution.

10° Petit-Couronne

Il n'y a que 5 m. 1 au kil. 252, ce maigre est produit par l'appel de l'èbe dans le bras entre l'ile du Val de la Haye et la station du Val de la Haye.

En renvoyant dans le chenal, qui est sur la rive gauche, aussi bien le flux que le reflux, on en augmentera la profondeur.

Un épi de 60 mètres, rive droite, au kil. 252,150 en face la chaussée de Petit-Couronne, renverra le descendant dans le chenal; et pour que le bras à l'Ouest de l'ile du Val de la Haye ne reçoive aucun des courants d'aval et d'amont, qui doivent entièrement être concentrés sur la voie navigable, il faut fermer ce canal, par un épi de 60 mètres, au kil. 253,400, à l'endroit le plus étroit. De cette manière les forces mises en jeu, par l'eau, à l'aller et au retour, ne pourront qu'exercer leur puissance sur le trajet du chenal rive gauche.

11° Banc de Biessard

Cette partie de rivière est tortueuse. L'eau qui descend, rive droite change de direction à partir du kil. 249,800, vient traverser le lit et atteindre la rive gauche au kil. 250,500. Une partie de l'eau de descente continue son effet sur la côte de Biessard, tandis que l'autre se fait sentir sur le Petit Aulnay à l'opposé. De là, l'obligation absolue de renvoyer le courant qui frôle Biessard en pure perte. Un petit épi, rive droite, de 60 mètres au kil. 250,400, fera profiter le chenal, rive droite, d'une intensité plus grande du courant, surtout au kil. 250,900, où il n'y a à marée basse que 3 m. 7.

Le montant en partie, corrode la rive Ouest, tout en suivant le chenal à l'Est. Un épi de 60 mètres, rive droite, au kil. 251,300 transportera cette impulsion, toute entière dans le chenal.

Cette unité de tracé des courants obtenue, aucun haut seuil ne pourra se maintenir, la percée au travers est immanquable.

12° Croisset

Sous ce nom, nous comprenons le parcours de la rivière entre l'île de Groult et Rouen. Il y a là une excellente courbe concave, dont il faut faire disparaître les seuils en ne formant qu'un mouillage ininterrompu.

Le chenal actuel est tout sur la rive droite, à l'ouest et au nord des îles. Malheureusement ces îles divisent les courants, dont une partie des efforts est portée sur la rive gauche. Il en résulte, qu'il n'y a que : 5 m 6 devant la chaussée de Dieppedalle, au kil. 248 ; 3 m 7 par le travers du fanal de Croisset, au kil. 246,750 ; 3 m. 7 en amont du village de Croisset, au kil. 246 ; et 5 m. à Bapeaume au kil. 244,500. Si aux courants, qui se portent sur la côte ouest, on les augmente de ceux qui se portent à l'est des îles, on obtiendra un bien plus grand approfondissement au-delà même des prévisions. On ne saurait reculer devant une mesure, qui paraîtra assez violente, qui consiste à fermer tous les bras de la rive gauche, formés par les îles de la manière suivante:

1° Un épi de l'île Groult au kil. 248,850, de 100 mètres.

2° L'île Sainte-Barbe rattachée à la terre par un enrochement de 140 mètres au kil. 247,250. Il y a ici une difficulté, la largeur de la rivière, à la pointe Sud-Ouest de l'île Sainte-Barbe, n'aurait plus que 100 mètres, ce qui est insuffisant ; il faudrait 150 mètres.

Nous comptons bien que les courants dans leur course ramassée et rapide dans cet endroit, tailleront une bonne partie de l'Ouest de cette île et que les 150 mètres, minimum nécessaire, s'élargiront à 200 mètres. Si ces 200 mètres n'étaient point atteints, il faudrait employer des dragues pour obtenir cette dernière largeur. Devant Rouen il y a une section transversale qui n'a que 120 mètres, il est fâcheux que l'on se soit arrêté à exécuter un étranglement si peu rationnel.

3° L'île Poutrel doit être mise en contract avec le talus à l'Est, par un épi de 70 mètres au kil. 246,500.

4° Au kil. 245,500, un épi, rive Sud, de 100 mètres, rejoignant l'île Elie, finirait de compléter l'interdiction, aux courants, de se faire sentir sur la rive gauche entre les kil. 249,500 et 245. Ainsi, sur kil. 4,500, les courants de rive gauche, seraient tous reportés sur la rive droite. Il n'est donc pas possible qu'il ne se produise pas un approfondissement, très important, sur l'unique tracé du chenal, frôlant, sans discontinuer, une courbe concave accentuée.

Les épis soudant les îles à la terre, ne devront pas être érigés comme ceux en pleine eau. Comme on vise la destruction, unique, du côté Ouest de l'île Sainte-Barbe, on doit garantir les côtés Est et Sud des îles, afin que les épis soient le plus courts imaginables. Ces raccordements devront être opérés par couches horizontales et successives, de toute la longueur, sur un mètre de profondeur, ne commençant une nouvelle couche, qu'après terminaison de la précédente.

Toute la rive gauche se garnira d'alluvions, entre les kil. 250,400 et 245, soit sur une longueur de kil. 5,400 sur au moins 100 mètres de largeur, ce qui présentera une surperficie de 54 hectares qui seront très vite utilisables, chaque marée et son renversement apportant des vases, que l'absence de courant déposera en exhaussant le fond.

Coût des Travaux à exécuter entre Tancarville & Rouen

1° Haut de Quillebeuf :

Rechargement de la digue Nord, jusqu'à la rendre insubmersible, entre les kil. 338,200 et 330,200, 8 kil.

Enrochements de moellons durs, non gélives,
288,000 mètres cubes, mis en place, à.. 3 fr. 864.000 fr.

1ᵉʳ Epi de 120 mètres, au kil. 330,200, rive droite,
6,300 mètres cubes, à................ 3 fr. 18.900 fr.

2ᵐᵉ Epi de 120 mètres, au kil. 330,900, rive gauche,
6,300 mètres cubes, à................ 3 fr. 18.900 fr.

3ᵐᵉ Epi de 100 mètres, au kil. 331,800 rive
gauche, 5,300 mètres cubes, à........ 3 fr. 15.900 fr.

4ᵐᵉ Epi de 80 mètres, au kil. 328,200 rive droite,
3,800 mètres cubes, à................ 3 fr. 11.400 fr.

2° Vieux Port.

Digue insubmersible, rive Sud, du kil. 324,250
au kil. 326 = kil. 1,750 = 46,500 mètres cubes,
à........................... 3 fr. 139.500 fr.

Dragage de galets possible, 13,800 mètres cubes
à........................... 3 fr. 41.400 fr.

3° Banc des Flaques.

Dragage, kil. 322,300 à kil. 320,200 = 2,100
mètres roches $\times$ 1,25 $\times$ 100 = 262,500 mètres
cubes, à......................... 4 fr. 1.050.000 fr.

4° Banc des Meules.

Dragage de tourbe, kil. 305,650 à kil. 306,250
= 600 mètres $\times$ 2 $\times$ 150 = 180,000 mètres
cubes, à......................... 2 fr. 360.000 fr.

5° La Mailleraye, La Piette et Banc du Trait.

Digue, rive droite, kil. 302,750 à kil. 300,100 =
kil. 2,650 = 246,000 mètres cubes, à... 3 fr. 738.000 fr.

6° Yville.

Digue, rive gauche, kil. 286,900 à kil, 285 = kil.
1,900 = 154,000 mètres cubes, à...... 3 fr. 462.000 fr.

7° 2ᵐᵉ Trou Deshayes.

Digue, rive gauche, kil. 283,100 à kil. 283,400 =
300 mètres = 2,700 mètres cubes, à.. 3 fr. 8.100 fr.

8° Bardouville.

Les Ponts et Chaussées étant en train d'achever
les travaux votés pour l'amélioration de ce haut-
fond, il n'y a pas lieu de s'en occuper, il faut
attendre le résultat que l'on constatera....... ».»»»

____

     A Reporter......... 3.728.100 fr.

Report............ 3.728.100 fr.

9° Traverse de Moulineaux et Grand Couronne.

Digue, rive gauche, kil. 257,800 à kil. 254,900
= kil. 2,900 = 267,000 mètres cubes, àfr. 3   801.000 fr.

10° Petit Couronne.

5me Épi, rive droite, de 60 mètres, au kil. 252,150
= 2,000 mètres cubes, à............. 3 fr.   6.000 fr.

6me Épi, de 60 mètres, rive droite, au kil. 253,100
= 1,000 mètres cubes, à............. 3 fr.   3.000 fr.

11° Banc de Biessard.

7me Épi, de 60 mètres, rive droite, au kil. 250,400
= 2,200 mètres cubes à............. 3 fr.   6.600 fr.

8me Épi, 60 mètres, rive droite, au kil. 251,300
= 2,200 mètres cubes, à............. 3 fr.   6.600 fr.

12° Croisset.

9me Épi, de 100 mètres, rive gauche, au kil.
248,850 = 1,600 mètres cubes, à..... 3 fr.   4.800 fr.

10me Épi, de 140 mètres, rive gauche, au kil.
247,250 = 2,300 mètres cubes, à..... 3 fr.   6.900 fr.

11me Épi, de 70 mètres, rive gauche, au kil.
246,450 = 1,100 mètres cubes, à..... 3 fr.   3.300 fr.

12me Épi, de 100 mètres, rive gauche, au kil.
245,500 = 1,400 mètres cubes à...... 3 fr.   4.200 fr.

____

4.570.500 fr.

Dragage, possible, d'une bonne portion de l'île
Sainte-Barbe, côté Ouest = 131,000 mètres
cubes, à........................... 2 fr.   262.000 fr.

Enlèvement des saillies dépassant la digue à Port-
Jérôme, et *imprévu*........................   167.500 fr.

____

Coût total.............. 5.000.000 fr.

Ces travaux, entre Tancarville et Rouen, peuvent être complètement terminés en deux ans. En assignant une date de liquidation
à 6 ans de plus, il convient d'ajouter des intérêts s'élevant à 44 0[0,
soit 2,200,000 francs, qui additionnés à la dépense brute de 5 millions, portent le coût définitif à **7,200,000 francs** ; tel est le pas-
sif de l'entreprise.

Relevons maintenant ce qui se présentera à l'actif, par suite des
atterrissements dans les parties endiguées par des enrochements
insubmersibles et des envahissements, de vases, produits par les

épis, dès le commencement des travaux, en admettant qu'il faille 8 ans pour que les emplacements, devenus propres à l'agriculture, se soient amoncelés suffisamment pour valoir au-delà de notre évaluation.

Superficie des atterrissements d'alluvions amoncelées par les digues et les épis insubmersibles

1° A Radicatel à la digue, rive droite, entre les kil. 337,200 et 330,200, sur 7 kilomètres de longueur et 1, en moyenne de largeur, on gagne.. 710 hectares.

2° A Vieux-Port, entre les digues et la terre, kil. 324,250 à 326.. 6 —

3° Au trou de Malaquis et au Trait, kil. 302,750 à 300,100.. 27 —

4° A Yville, derrière la digue, entre les kil. 286,900 et 285.. 9 —

5° Au 2° Trou Deshayes, entre kil. 283,100 et 283,400.. 1 —

6° Aux trous de Moulineaux et de Grand'Couronne, entre les kil. 257,800 et 254,900..... 82 —

7° A la fermeture du petit bras de l'île du Val-de-la-Haye, entre les kil. 254,100 et 252,150. 11 —

8° A la rive gauche, comprenant les îles Groult, Ste-Barbe, Poutrel et Elie, du kil. 250,400 au kil. 245.. 54 —

             900 hectares.

qui, évalués au très bas prix de 2,000 francs l'hectare, forment un net produit de 1,800,000 francs, à déduire de la dépense définitive de 7,200,000 francs, laissant subsiter un débours de 5,400,000 francs.

Si on rend inséparables les deux projets de redressement et d'approfondissement de la Seine entre Rouen et la mer, on arrive au singulier résultat que voici :

Coût des travaux de l'Estuaire de la Seine et intérêts composés pendant 8 ans.......................... 12,500,000 fr.

Coût des travaux de la Seine intérieure entre Rouen et Tancarville, et intérêts composés pendant 8 ans.......................... 7,200,000 fr.

             19,700,000 fr.

Report...................... 19,700,000 fr.

Emplacements agricoles gagnés
  sur l'Estuaire............... 20,800,000 fr.
Idem sur le fleuve intérieur....   1,800,000 fr. 22,600,000 fr.
                                                  ———————————
                          Net produit.........   2,900,000 fr.

Il y aurait donc, en liant les deux projets, une fois tous les travaux de la Seine achevés et payés, un bénéfice, en chiffres ronds, de *3 millions de francs*.

Pourquoi n'organiserait-on pas un Syndicat qui se chargerait de ces projets, dont la réalisation est d'une si grande importance et pour Rouen et pour Paris, et pour la France entière, tant au point de vue maritime, que commercial et militaire. La Seine maritime, approfondie, n'offrirait-elle pas à nos escadres les plus sûrs mouillages intérieurs d'attaque, et en cas de revers, des refuges, jusqu'à Rouen, les plus inattaquables, rendant impossible une poursuite, abri que ne présentent point nos grands ports de guerre de Cherbourg et de Brest, dont on peut forcer l'entrée.

CONCLUSION

Le seul projet d'amélioration de la Seine maritime intérieure, mis à exécution ne coûterait qu'une somme très réduite. Sur 93 kilomètres de parcours, entre Tancarville et Rouen, il n'y aurait nulle part moins de 6 mètres d'eau, en dessous du zéro des cartes, c'est-à-dire, plus bas de 40 centimètres, au minimum, que basse mer de morte eau ordinaire. Un navire de 6 mètres de calaison, n'aurait donc point à se préoccuper de la hauteur des eaux.

Avec un tirant d'eau de 7 m 5 un steamer atteindrait, d'un seul trait, Rouen, avec haute mer de morte-eau.

Nos gros cuirassés trouveraient 9 m 4 de fond jusqu'à Rouen, par haute-mer de vive eau ordinaire, et ceux qui, exceptionnellement exigent 10 m 5, y remonteraient en s'allégeant un peu.

Toute autre manière de procéder occasionnera des dépenses considérables, plusieurs fois plus fortes que celles que nous indiquons, car il n'est pas possible de faire moins de travaux que ceux que nous déterminons, pour un résultat complet définitif. Si on continue, comme on l'a fait jusqu'à présent, en canalisant la rivière, c'est-à-dire, en la rétrécissant par des digues parallèles longitudinales, à partir de Tancarville, et ne se terminant qu'à Rouen, ce système, défectueux, occasionnera une dépense énorme et nécessitera une trentaine d'années de travaux.

Ces rétrécissements, qui paraissent si parfaits, n'ont pourtant pas donné partout des succès. Sans nous étendre sur ce sujet, nous nous bornerons à ne signaler que le haut de Quillebeuf, où il n'y a que 2 m. 5 sur le sommet du banc !

Dans une rivière intérieure, à marées, on n'y constate absolument qu'un travail, c'est celui des courants, qui obstruent ou nettoient le chenal. On ne peut chercher un remède, que dans leur régularisation, tant au flot, qu'au jusant, et uniquement on arrive à un régime invariable, définitif et creusant, que par *l'unité de tracé des courants*.

ERNEST LEHMAN,

VILLA PALISSY,

ARCACHON.

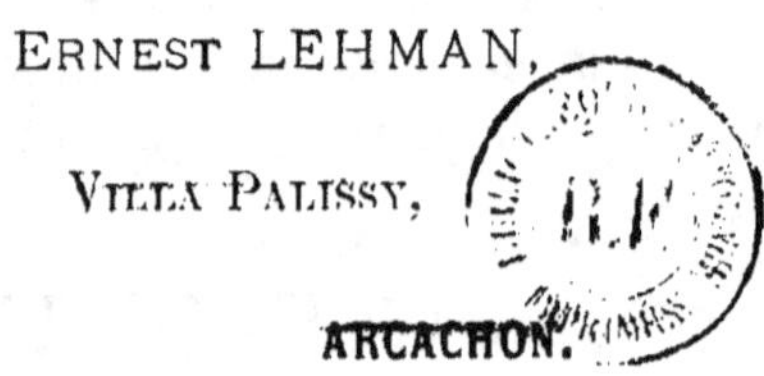

Redressement & Approfondissement de l'Estuaire de la Seine

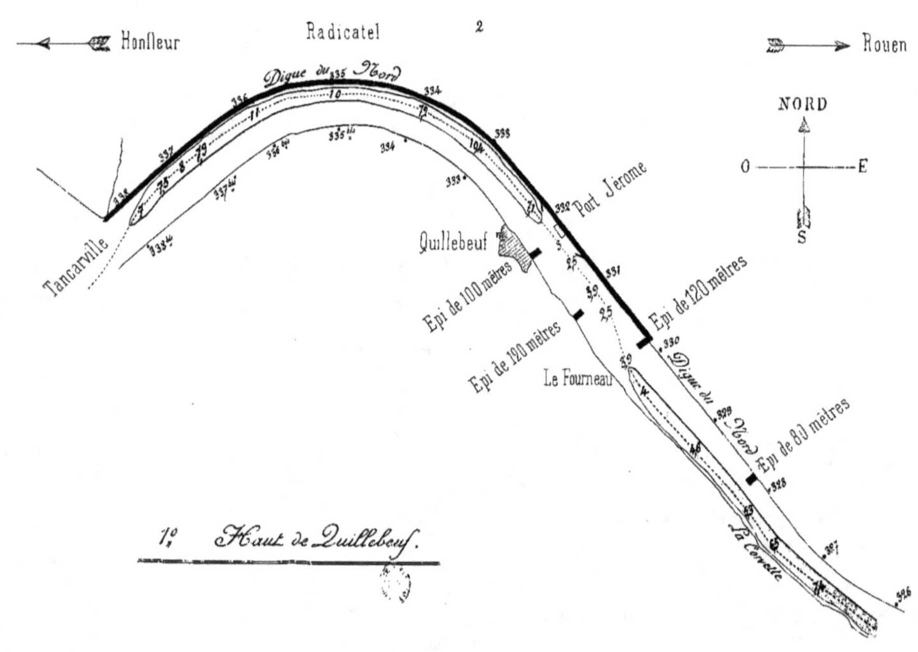

1.° Haut de Quillebeuf.

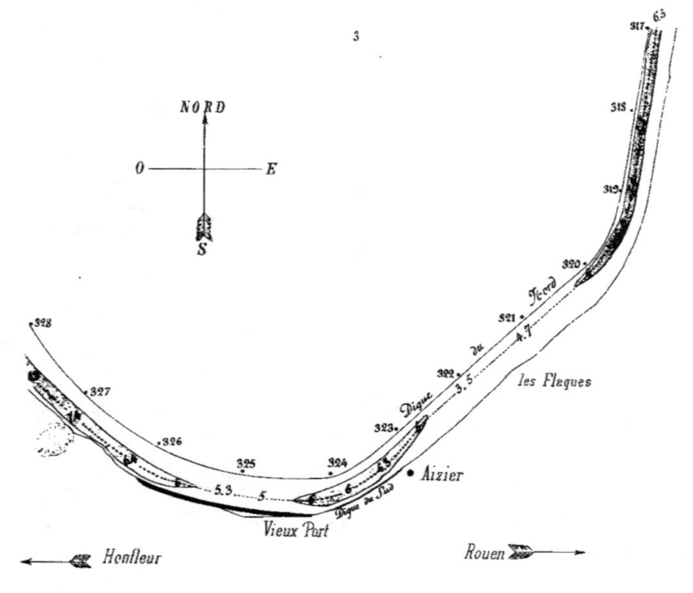

2° Vieux Port

3° Banc des Flaques

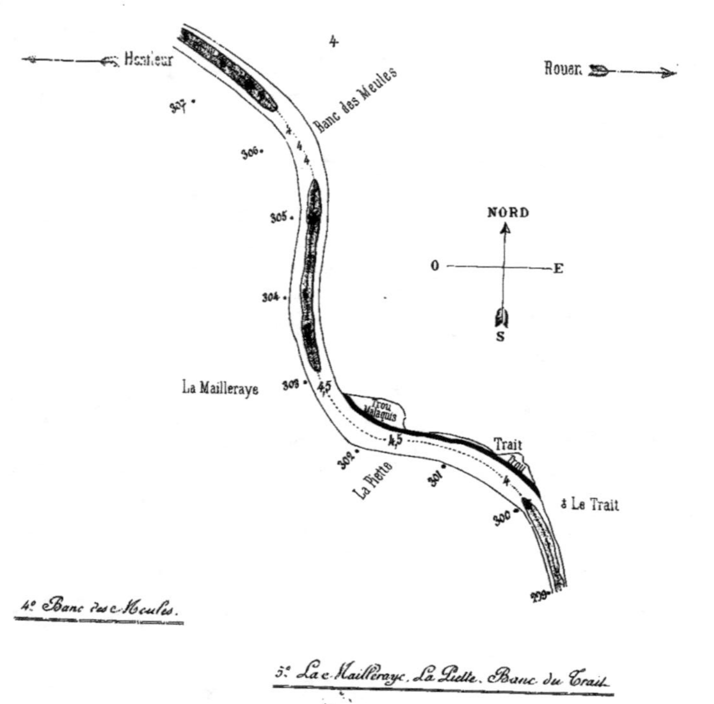

4.º Banc des Meules.

5.º La Mailleraye. La Piette. Banc du Trait.

6º Yville

7º 2me Trou Deshayes.

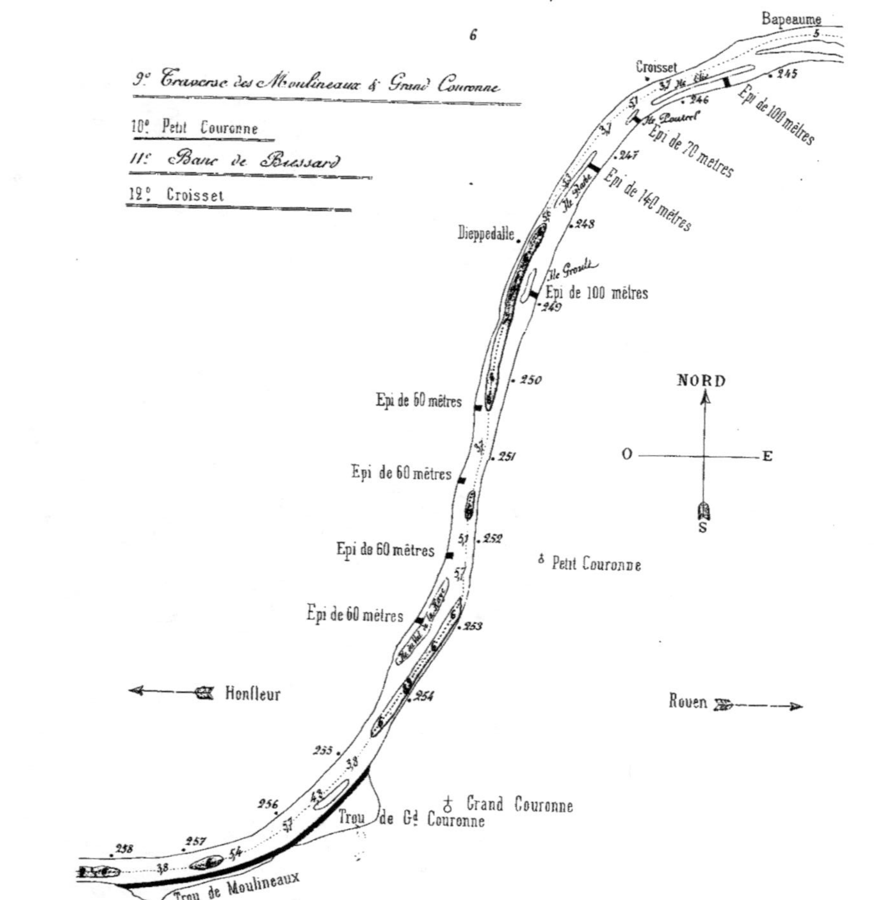
6
9º Traverse des Moulineaux à Grand Couronne.
10º Petit Couronne
11º Banc de Biessard
12º Croisset
Bapeaume
Croisset
Epi de 100 mètres
Epi de 70 mètres
Epi de 140 mètres
Dieppedalle
Ile Groult
Epi de 100 mètres
Epi de 60 mètres
Epi de 60 mètres
Epi de 60 mètres
Epi de 60 mètres
NORD
O
E
S
à Petit Couronne
Honfleur
Rouen
à Grand Couronne
Trou de Gd Couronne
Trou de Moulineaux
245
246
247
248
249
250
251
252
253
254
255
256
257
258